AF390644

MONNAIES

ROMAINES ET FRANÇAISES

Royales et Féodales

(Spécialement série de Béarn-Navarre)

Vente aux Enchères Publiques

A PARIS, HÔTEL DES COMMISSAIRES-PRISEURS, RUE DROUOT

SALLE Nº 7 AU PREMIER ÉTAGE

Le Lundi 13 Février 1911

A DEUX HEURES PRÉCISES

EXPOSITION PUBLIQUE UNE HEURE AVANT LA VACATION

*Exposition particulière le 11 Février de 2 à 4 heures
chez l'Expert.*

<table>
<tr><td>Commissaire-Priseur :
Mᵉ André DESVOUGES
Successeur de Mᵉ Maurice DELESTRE
26, rue de la Grange-Batelière</td><td>Expert :
M. J. FLORANGE
17, rue de la Banque</td></tr>
</table>

PARIS

CONDITIONS DE LA VENTE

La vente sera faite au comptant.

Les acquéreurs payeront, en sus des adjudications, dix pour cent.

L'exposition mettant les acheteurs à même de juger l'état des pièces, aucune réclamation ne sera admise aussitôt l'adjudication prononcée.

M. J. Florange se charge des commissions qui lui seront confiées aux conditions habituelles (5 o/o sur la limite).

Il se réserve le droit de diviser ou de réunir les lots.

COLLECTION R.

MONNAIES ROMAINES.

1 Grèce, Macédoine et Corinthe. Tétradrachme, didrachme et
drachme. 3 p. B.

2 *République romaine*. Double tête de femme. ℞. Quadrige de
Jupiter (Bab. 26). Électrum. TB. *Voyez planche*.

3 Acilia (8), Aemilia (10), Antestia (9), Antonia (5, 80, 117), etc.
11 p. dont 4 cuivre. B.

4 Appuleia (1), Baebia (12), Calpurnia (2. 11, 24). Æ. 6 p. B.

5 Cassia (4), Cornelia (29, 54), Curtia (2), Fabia (14), Fannia (1),
Flaminia (1). Æ. 7 p. B.

6 Herennia (1), Hosidia (1), Julia (11), Junia (31), Maenia (7),
Mallia (1, 2). Æ. 7 p. B.

7 Manlia (2), Marcia (28), Minucia (19), Mussidia (6), Pinaria (1),
Plautia (14). Æ. 6 p. B.

8 Pompeia (1), Pomponia (6), Postumia (4, 7, 8, 10). Æ. 6 p. B.

9 Procilia, Renia, Rubria, Rutilia, Saufeia (1). Æ. 5 p. B.

10 Scribonia (8), Sergia (1), Servilia (14). Æ. 6 p. B.

11 Thoria (1), Vibia (3), Volteia (3 et 4). Æ. 5 p. B.

12 *Empire*. Jules-César. c.caes.dic.ter. Buste à dr. ℞. l.planc.
praef. vrb. Urne. (Coh. 30). Or. TB. *Voyez planche*.

13 — (Coh. 12, 13, 49). Æ. 5 p. B.

14 — Mussidia (Bab. 8. — Coh. 29). Æ. 2 p. B.

15 Brutus. Aigle à g. tenant dans une de ses serres une couronne.
℞. Brutus l'ancien avançant à g. entre deux licteurs. A l'ex :
ΚΟΣΩΝ. (Bab. p. 114) Or. TB.

16 Marc-Antoine et Octave (Coh. 8). Æ. 3 p. B. et TB.

17 M. Antoine et Cléopâtre (1). Æ. B. *Rare*.

18 Octave-Auguste. Tête l. à dr. ℞.princ.ivvent. Caius et Lucius
tenant bouclier (42). Or. B.

19 — Æ. (40, 43, 47 et 48). 8 p. B et TB.

20 — Æ. (91, 137 et 144). 5 p. B. et TB.

21 — Æ. (147, 208 et 267). 3 p. B.

22 Octave-Auguste. Æ. Durmia (431 var.) et Licinia (438). 2 p. B.

23   —   Æ. Mescinia (Bab. 6 et Coh. 463). TB.

24   —   MB. (87 et 228) ; Livia (1) et Agrippa (3). 5 p. B.

25 Tibère. Tête l. à dr. Rⱡ. PONTIF.MAX. Livie ass. à dr. (15). Or. TB.

26   —   Même aureus usé.

27   —   Deniers aux mêmes types. Coins variés. 2 p. TB.

28 Tibère (44), Antonia, Germanicus, Caligula, etc. MB. 8 p. B.

29 Agrippine et Caligula. Arg. (7). Denier fourré. B.

30 Germanicus et Caligula. GERMANICVS. CAES. PC.CAES. AVG. GERM. Buste nu à dr. Rⱡ. C.CAESAR.AVG. GERM.P.M.TR.POT. Sa tête l. à dr. (1). Or. TB. *Rare. Voyez planche.*

31 Claude I. Buste lauré à dr. Rⱡ. SPQR.P.P.OB CS. dans une couronne. (86). Or. TB.

32 Néron. Tête l. à dr. Rⱡ. AVGVSTVS.GERMANICVS. Néron radié deb. de face (44). Or. TB.

33   —   Denier, GB., MB. et potin. 5 p. B.

34 Galba, Othon et Vitellius. Trois deniers var. B.

35 Vespasien. Tête l. à dr. Rⱡ. COS.ITER. TR.POT. La Paix ass. à g. tenant rameau et caducée (Coh. —). Or. TB.

36   —   Arg. et MB. (120, 497, 561, etc.) 6 p. B.

37   —   SPQR dans couronne (516 et 517). Arg. 2 var. TB.

38 Titus. Arg. et MB. (295. Juif tenant trophée, 311 et 379). 3 p. B.

39 Domitien. Arg. 47, 49, 63 et 77). 4 p. TB.

40   —   Arg. (233, 262, 274 et 553). 4 p. TB.

41 Nerva. Quatre deniers variés. TB.

42 Trajan. Tête l. à dr. Rⱡ. P.M.T.R.P.COS.II P.P. La Fortune deb. à g. (205). Or. TB.

43   —   Huit deniers variés. TB.

44   —   Quinaire de Césarée (Cappadoce). TB.

45 Adrien. Buste l. à dr. et drapé. Rⱡ. CONCORDIA. La Concorde ass. à g. (252, Arg.). Or. TB.

46   —   et Sabine. Sept deniers variés. B.

47 Antonin le Pieux. Trois deniers. 2 GB. et 1 MB. 6 p. B.

48 Faustine mère, DIVA FAVSTINA. Buste à dr. Rⱡ. AVGVSTA. Cérès voilée deb. à g., tenant deux torches (75). Or. TB. *Voyez planche.*

49   —   Avers précédent. Rⱡ. AVGVSTA. Cérès voilée deb. à g.,

tenant une patère et un gouvernail; à ses pieds un globe (Coh. —). Or. TB. *Voyez planche.*

50 Faustine mère, Marc-Aurèle et Faustine jr. Arg. et MB. 7 p. B.

51 Marc-Aurèle. AVRELIVS CAES AVG PII F. Buste drapé à dr. R⁄. TR POT XIIII COS II. Mars march. à dr. (753). Or. TB. *Voyez planche.*

52 Lucius Verus. Lucille. Commode et Albin. Cinq deniers variés. B. et TB.

53 Sept.-Sévère et Julie Domne. Cinq deniers variés. B.

54 Caracalla, Géta et Macrin. Huit deniers. TB.

55 Elagabale, Paula et Sœmias. Six deniers. TB.

56 Alexandre Sévère. Onze deniers variés. TB.

57 Mamée, Maximin I et Balbin. Neuf deniers variés. TB.

58 Gordien le Pieux. 8 deniers var. et 1 MB. B. et TB.

59 Philippe père et fils et Otacilie. 23 deniers variés. B et TB.

60 Trajan-Dèce, Treb. Galle, etc. Bill. et cuiv. 25 p. TB.

61 Constance II (343), Julien II (145 et 154), Valentinien I (72 et 81) et Valens (109). Arg. 7 p. TB.

62 Valens. Buste à dr. R⁄. RESTITVTOR REIPVBLICAE. L'emp. deb. (31). Sou d'or. TB.

63 Honorius. Buste de face. R⁄. CONCORDIA AVGGA. Rome assise de face (3). Sou d'or. FDC.

64 — Buste à dr R⁄. VICTORIA AVGGG. L'emp. à dr. (44). Sou d'or. B.

65 Lot de monnaies romaines en cuivre.

66 Bactriane. Bazodeo, roi indo-scythe. Le roi deb. à g. sacrifiant sur un autel. R⁄. Divinité deb. tenant un trident et appuyée sur un bœuf. Dinar d'or. TB.

MONNAIES GAULOISES ET FRANÇAISES

67 Marseille, Allobroges, Sequanes, etc. Arg. et cuiv. 8 p. B.

68 Marseille. Tête d'Apollon et taureau (1673). Br. 2 var. TB.

69 — Tête casquée et trépied (2124), Br. B.

70 — Imitation par les Lemovices. Tête d'Apollon à dr. R⁄. Lion dégénéré (2252). Didrachme. TB. *Voyez planche.*

71 Beterra. Tête et lion courant (2432 var.). Br. B.

72 Petrocorii. CONTOVTOS. Tête nue de Marc-Antoine et loup (4316).
Br. B.

73 — SEX.F. Tête nue à dr. R⁄. T. POM. Taureau à dr.
(4353). Br. TB.

74 Arvernes ? Imitation de Macédoine. Tête l. à dr. R⁄. Bige à dr. ;
au-dessous : ΦΙΛΙΙΠΠΟΛ, Æ, épi et foudre (3614).
Statère d'or. TB. *Voyez planche.*

75 — Autre variété ; sous le cheval un canthare. Statère d'or.
TB.

76 — Tête à dr. avec collier et barbe. R⁄. Aurige au-dessus d'un
cheval, au-dessous, sanglier renversé (?). Quart de
statère d'or. B.

77 Lemovices. Tête à dr. R⁄. Aurige au-dessus d'un cheval galo-
pant ; au-dessous, symbole indéterminé. Statère d'or. Imitation
arverne. TB. *Voyez planche.*

78 Lemovices. Imitation de Rhoda et d'Emporium (Espagne). Tête à
dr. avec boucles d'oreilles. R⁄. Aurige au-dessus
d'un cheval. Arg. TB. *Voyez planche.*

79 — Autre variété (4549 avers). Arg. B.

80 Aulerces Cénomans. Tête d'Ogmius à dr. surmontée d'un hippo-
campe et entourée de cordons de perles auxquels
sont attachées de petites têtes, R⁄. Androcéphale avec
aurige ; au-dessous génie ailé (6830). **Statère d'or. TB.**
Voyez planche.

81 — Tête laurée à dr. R⁄. précédent, mais l'androcéphale est
ailé (6829 var.). Statère d'or. TB. *Voyez planche.*

82 Carnutes ? Imitation de Macédoine. Tête à dr. R⁄. Bige à dr. ; au-
dessous foudre ; à l'exergue ΦΙΛΙΠΠV. Demi-statère
d'or. *Voyez planche.*

83 — Tête à dr. R⁄. Aurige avec cheval ; au-dessous, lyre (4950
var.). Quart de statère d'or. B.

84 Eduens. Tête à dr. R⁄. Bige à dr. ; au-dessous, lyre. Statère d'or
usé, trouvé à Cusset.

85 Parisii. Tête frisée à dr. et cheval (7804 var.). Quart de
statère. B.

86 Bellovaques. Tête l. à dr. R⁄. Cheval à dr. (7878 var.). Statère
d'or. B. *Voyez planche.*

87 — Tête casquée à g. R⁄. CRICIRV. Cheval ailé a g. (7951).
Br. AB.

88 Bituriges. Tête à g. et aigle (7993 var.). Br. 2 p. TB.

89 Nerviens. Tête déformée. R⁄. Cheval à dr., au-dessus, roue (8760). Statère d'or. TB.

90 Remi. Tête déformée. R⁄. Cheval à dr. ; au-dessous, roue (8020 var.). Statère d'or. TB.

91 Trévires. ᴸⱽᶜᴼᵀᴵᴼˢ. Œil. R⁄. Cheval galop. à g. ; au-dessous, cercles concentriques (8821). Statère d'or. TB.

92 Régions du Danube. Imitation de Macédoine. Tête barbue et laurée à g. R⁄. Chevalier à g. ; au-dessous, triskèle. Tétra-drachme. B.

93 Sigebert Iᵉʳ...ɪʙᴇ..ᴠʀᴇx. Buste diadémé et drapé à dr. R⁄. ᴠᴛɪ-ɪᴏx. Victoire deb. à g. tenant le globe crucigère ; à l'exergue x. Triens inédit. *Voyez planche.*

94 Louis Iᵉʳ. Denier à la légende chrétienne. 7 p. TB.

95 Charles le Chauve. Denier de Clermont-Ferrant à légende rétro-grade du revers (Gar. 50 var.). TB.

96   —   Denier d'Angers (G. 9) et de Saosnes. 3 p. TB.

97   —   Denier de Paris (G. 182). TB.

98   —   Denier de Quentovic (G. 188). TB.

99   —   Denier de Sens (G. 20). B.

100 Charles III. Denier de Troyes. TB.

101 Louis VI et VII, Philippe II, etc. Deniers divers. 10 p. B.

102 Louis IX. Agnel d'or (H. 1). TB. *Voyez planche.*

103   —   Gros tournois, etc. 5 p. TB. et B.

104 Philippe III. Masse d'or (H. 3). Presqu'à fleur de coin. *Voyez planche.*

105 Philippe IV. Agnel d'or (H. 1). TB.

106   —   Gros tournois, etc. (H. 5, 7, 8, 16, 20, 23, 26, etc.). 17 p. B.

107 Philippe VI. Florin Georges (H. 16). Or. *Rare. Voyez planche.*

108 Jean le Bon. Écu d'or (1). TB.

109   —   Mouton d'or (3). TB.

110   —   Gros tournois à la queue, etc. (19, 26, 28, 31, 46). 7 p. B.

111 Charles V. Franc à pied (2). Or. B.

112 Charles VI. Écu d'or (1). TB.

113   —   Salut d'or (7). *Très Rare. Voyez planche.*

114   —   Gros et divisions. 10 p. B.

115 Henri VI. Blancs variés et petit tournois fr. à Troyes (6 et 13). 5 p. B.

116 Charles VII. Agnel d'or. Paris (1). TB.

117   —   Gros et blancs variés (35 et 36). 10 p. B.

118 Louis XI. Gros de roi, blancs, etc. (12, 19, etc.). 5 p. B.

119 Charles VIII. Écu d'or au soleil, Paris (2). TB.

120   —   Écu d'or pour le Dauphiné, Romans (8 var.), TB.

121   —   Douzain, Carolus, etc. (11, 23, 32 et 40). 4 p. B.

122 Louis XII. Écu d'or aux porcs-épics (6). TB. *Voyez planche.*

123   —   Teston au buste fr. à Lyon (17). TB. *Voyez planche.*

124   —   Douzains et dizain à l'L (26, 28, 32 et 39). 6 p. B.

125 François Ier. Écu d'or au soleil, Lyon (2). TB.

126   —   Teston au buste, Lyon (37). TB.

127   —   Teston du Dauphiné, Romans (53). TB.

128   —   Testons, Paris et Saint-Lô (59). 3 var. dont une TB.

129   —   Teston, Rouen (59 var.). TB.

130   Demi-teston, Rouen (62 var.). TB. *Voyez planche.*

131   —   Teston, Limoges (66). B. *Rare. Voyez planche.*

132   —   Teston au buste radié, Lyon (81). TB.

133   —   Teston au buste barbu et couronné, Rouen (88). TB.

134   —   Douzain, Limoges (92 var.). B.

135 Henri II. Testons, 1550, Lyon (32) et 1559, La Rochelle (59 var.). 2 p. B.

136   —   Teston, 1561, Saint-André de Villeneuve-lès-Avignon (59 var.). TB.

137   —   Testons, 1553, Lyon, 1559, Bayonne et 1554, Limoges. (59 var.). 3 p. B. et TB.

138   —   Teston, 1559, La Rochelle. FDC. *Voyez planche.*

139   —   Teston, 1557, Saint-Lô (59 var.). TB. *Voyez planche.*

140   —   Teston du Dauphiné, 1561 (60 var.). B.

141   —   Teston, 1559, Bordeaux (62). B.

142   —   Demi-teston, 1555, Poitiers (63 var.). TB.

143   —   Demi-teston, 1553, Toulouse (66). TB.

144   —   Testons, 1561 (?), Montpellier (68). AB. *Rare.*

145   —   Demi-gros de Nesle et douzains variés. 11 p. B. et TB.

146 Charles IX. Écu d'or, 1566, Paris (11 var.). TB.

147   —   Demi-écu d'or, 1566, Limoges (2). B.

148   —   Testons, 1562 et 1563, Nantes, 1568, Bordeaux (pièce curieuse), 1565 et 1566, Toulouse (10 var.). 4 p. B.

149   —   Teston, 1562 et demi-teston, 1563, Rennes (12 et 13 var.). TB.

150 Charles IX. Teston, 1562 et 1565, Bayonne (15) et 1574, Toulouse (25). 3 p. B.

151 Henri III. Testons, 1576, Toulouse, 1575, Rouen (Coin du 1/2 teston) et Poitiers (8 et 9). 3 p. B.

152 — Francs, 1578, Riom, 2 var. dont une fausse du temps. B.

153 — Francs, 1581, 1583, 1584 et 1586, Toulouse (20 et 25). TB.

154 — Demi-francs, 1579, Lyon et 1583, Angers (23 var.). 2 p. B.

155 — Demi-francs, 1587, Dijon, Lyon et Poitiers (23 var.). 3 p. B.

156 — Demi-francs, 1588, Limoges et Rouen (23 var.). 2 p. B.

157 — Quart d'écu, douzain du Dauphiné, etc.

158 Charles X. Quarts d'écu 1591 et 1494, Nantes (8) et douzain. B.

159 — Quarts d'écu, 1594 et 1596, Dinan (8). TB.

160 Henri IV. Quarts d'écu variés. 5 p. TB.

161 — Quarts d'écu, 1603, Rennes, et 1605, Bordeaux (25 var.). TB.

162 — Quart d'écu du Dauphiné, 1601 (26). TB.

163 — Quarts d'écu de Navarre, 1598, 1600, 1601 et 1605 (29). TB.

164 — Quarts d'écu de Béarn, 1590, 1594, 1597 (32). TB.

165 — Quarts d'écu de Béarn, 1602, 1604 et 1608 (32). TB.

166 — Demi-franc, 1590, Angers (48 var.). B.

167 — Demi-franc, 1604 et quart de franc, 1594, Lyon (43 et 44 var.). B.

168 — Quart de franc, 1604, Rouen (43 var.). TB.

169 — Douzains, deniers et doubles tournois, 11 p. B.

170 Louis XIII. Double louis à la mèche courte, 1640, Paris (20). TB.

171 — Louis d'or à la mèche courte, 1640 (22). TB.

172 — Quarts d'écu, 1615 (?) Rouen, etc. (30). 3 p. B.

173 — Quarts d'écu de Béarn, 1615 et 1618 (47). TB.

174 — Quarts d'écu de Navarre, 1611 et 1617 (49). TB.

175 — Demi-franc, 1615, Saint-Lô (60). 2 p. B.

176 — Louis d'argent de 30 sols, 1642 et divisions. Arg. et cuivre.

177 Louis XIV. Demi-louis d'or aux 4 L, 1694. Toulouse (34). TB.

178 — Louis d'or aux 8 L et aux insignes, 1701, Dijon (36). FDC.

179 Louis XIV. Louis d'or aux insignes, 1704. Pau (39). TB. *Rare.*
180　—　　　Demi-louis d'or aux 8 L, 1710 (43). TB.
181　—　　　Écu blanc et divisions. 16 p. B.
182　—　　　Demi-écu aux 8 l., Bourges, 1691 (134) et divisions.
183　—　　　Demi-écu aux 8 L, 1704 avec les armes de France
　　　　　　　au centre (175). B.
184　—　　　Écus aux 3 couronnes, 1711, Caen, et 1709, Troyes
　　　　　　　(187). TB.
185　— ·　　Quarts d'écu aux 3 couronnes, 1711, Paris et Lyon
　　　　　　　(190), etc. 9 p. B.
186 Louis XV. Double louis d'or aux insignes, 1716, Paris (3). TB.
187　—　　　Louis d'or aux lunettes, 1730, Riom (16) TB.
188　—　　　Demi-louis d'or aux lunettes, 1732, Paris (17) FDC.
189　—　　　Double louis d'or au bandeau, 1759, Strasbourg (18).
　　　　　　　TB.
190　—　　　Louis d'or au bandeau, 1768, Pau (19). TB.
191　—　　　Dixième d'écu vertugadin 1716, sixième d'écu de
　　　　　　　France, 1723, Aix et Tours, demi-écu aux lauriers,
　　　　　　　1731, Caen, etc. 6 p. B.
192　—　　　Écu au bandeau, 1765, Pau; demi-écu, 1748, Lille,
　　　　　　　etc. Arg. et cuiv. 22 p. B.
193 Louis XVI. Écus de 6 livres, 1786, Pau et 1789, Paris (11) TB.
194　—　　　Demi-écus, 1791 et 1792 (13). 4 p. et cuivre divers.
　　　　　　　TB.
95　—　　　*Période constitutionnelle.* Écu de 6 livres, 1792 et
　　　　　　　1793, Limoges et Paris. 4 p. TB.
196　—　　　30 et 15 sols, 1791, etc. Arg. et cuiv. B.
197 République. 5 francs à l'Hercule, An 7, Perpignan. TB.
198　—　　　Monnaies diverses. Arg. et cuivre.
199 Napoléon Ier. 5 francs au buste nu, An 13. TB.
200　—　　　5 francs en buste lauré, 1811, Lille, et 1815, Paris.
　　　　　　　TB.
201　—　　　Monnaies diverses. Arg. et cuivre. B.
202　—　　　32 schilling, 1809. Occupation de Hambourg. TB.
202 *bis.* Wesphalie. Jérôme-Napoléon. 20 frank 1808. Or, tranche
　　　　　　　lisse. FDC.
203 Deux-Siciles. Joachim Napoléon. Écu de 12 carlins. 1810. B.
204　—　　　Pièce de 2 grana, 1810. TB. Rare dans cet état.
205 Parme. Marie-Louise. 40 lires, 1815. Or. FDC.

206 Monnaies diverses. Arg. et cuivre.
207 Dreux, Robert; Normandie, Richard. Deniers, 3 p. B.
208 Evreux, Charles le Mauvais. Double parisis. B.
209 Bretagne, Anjou, Maine, Tours. 18 p. variées. B.
210 Vendôme, Châteaudun, Châteauroux, Issoudun, Gien. 22 p. B.
211 Nevers. Deniers au nom de Louis (P. d'A. 2110) 3 p. TB.
212 — Guillaume. Deniers (2130) 23 p. B.
213 — Hervé de Donzy (2135), Gui I (Caron 170 et P. d'A. 2140). Deniers. 6 p. B.
214 — Pierre de Courtenay et Mahaut II (2132 et 2141). 4 p. B.
215 — Eudes de Bourgogne. Denier (2143). B. *Rare.*
216 — Robert de Dampierre et Louis de Flandre (2153 et 2159). 2 p. B.
217 Sancerre, Henrichemont, Souvigny. etc. 22 p. B.
218 Poitou, La Marche, Périgord, etc. 13 p. B.
219 Navarre. Henri II. Quart d'écu à l'écu écartelé, 1587. TB. *Rare.*
220 — Le même. Quart d'écu, 1588 (3498). TB.
221 Toulouse. Anduse, Cahors, etc. 20 p. B.
222 Provence. Jeanne de Naples. Franc à pied (4009 var.). Or. B.
223 — La même. Franc à pied (4011 var.). Or. B.
224 Arles. (Archevêché). Étienne de la Garde. Florin d'or (4111). B.
225 Orange. Raymond IV. Florin d'or (4521 et 4522). 2 p. B..
226 Avignon, Jean XXII. Florin d'or (4140). B.
227 Avignon, Valence, Vienne, Lyon. 17 p. B.
228 Dombes. Jean II. Blanc (5079). TB.
229 — Louis II. Teston, 1577 (5116). B.
230 Dombes, Besançon, Dijon, etc. 24 p. B.
231 Auxerre. Deniers et oboles (5882, 84, 92 etc.). 28 p. B.
232 Tonnerre. Deniers (5855 et 5858). 2 p. B.
233 Sens, Troyes, Provins, Meaux, Reims, etc. Arg. et cuiv. 34 p. B.
234 Elincourt. Gui de Saint-Pol. Gros au cavalier (6860) B.
235 Hainaut. Guill. II. Double denier de Valenciennes au lion (74). B.
236 — Le même. Double denier de Valenciennes (72 var.). B.
237 Cambrai. (Evêché). Pierre d'André. Cavalier d'or (Robert XIV, 5). *Rare.*
238 Lorraine, Metz, etc. Arg., billon et cuiv. 22 p. B.
239 Metz (Ville). Florin d'or au Saint-Etienne debout. TB.
240 Tripoli (Comté). Boémond VII. Gros et demi-gros. TB.

241 Chypre. Henri II. Gros. TB.

242 Angleterre. Henri VI, roi d'Angleterre. Quart de noble. B.

243   —   Edouard IV. Noble à la rose. TB.

243 *bis.* Monnaies grecques, romaines et françaises. Arg. et cuiv. Collection à vendre par cartons.

COLLECTION Cte DE B.

BÉARN. — NAVARRE.

244 Centulle. Deniers et oboles. 23 p. Plusieurs variétés. TB.

244 *bis.* Gaston IX Phébus. ✠ G·DNS·BEARNI. Fleur de lis coupant la légende. R⁄. IOHA NNES.B. Saint Jean debout accosté d'une vache (Comp. Schl., p. 73). Florin d'or inédit. TB. *Voyez planche.*

245 Jean de Grailli. Deniers (P. d'A. 3242). 2 p. B. *Rares.*

246 Gaston de Foix. Cavalier d'or. Croix cantonnée de 2 épées et de 2 vaches et le prince à cheval à dr. (3245). TB. *Rare. Voyez planche.*

247   —   Grand blanc. Croix cantonnée de 2 épées et de 2 vaches et écusson au dextrochère armé accosté de 2 vaches (3255). TB. *Rare. Voyez planche.*

248   —   Blancs (3256 et 3260). 4 p. B.

249 François-Phébus. Écu d'or avec BEARNII. Écusson accosté de 2 épées et croix cantonnée au 1er d'un F et au 4e d'une épée (3271 var.). TB. *Rare. Voyez planche.*

250   —   Même écu d'or avec BEARN et SALV (3275). TB. *Rare.*

251   —   Même écu d'or avec BEARN et SAL, et la croix cantonnée au 2e d'une épée et au 3e d'un F (3273). TB. *Rare.*

252   —   Même écu d'or avec BEARI et SALVS et croix

cantonnée au 1er d'une épée et au 4e d'un F.
TB. *Rare.*

253 François-Phébus. Même écu d'or avec BEARI et SAL et croix cantonnée au 2e d'une épée et au 3e d'un F. TB.
Rare.

254   —   Blancs. (Écu surmonté d'une couronnelle et
croix pattée) et baguettes. 4 p. B.

255   —   Blancs. Écu et croix cantonnée d'un **G** et d'un
F. 3 var. B.

256 Catherine. Blancs et deniers. 5 var. B.

257 Jean et Catherine. Blancs et deniers. 4 p. B.

258 Ferdinand le Catholique. Ducat d'or. Buste couronné à dr. et écusson de Navarre couronné (P. d'A. 72. 12 var.). TB.

259 Henri d'Albret. Écu d'or au soleil avec DEI : et annelet sous la 4^e
lettre. Écu et croix dans un quadrilobe (P.
d'A. 3405 var. — Schl. 37 var.). TB.

260   —   Écu d'or à la croisette (Schl. 38). TB.

261   —   Écu d'or au soleil avec annelet sous la 2e lettre
(Schl. 39). TB.

262   —   Blancs. 5 p. B.

263   —   Douzains à la croisette. 5 p. B.

264   —   Liards (Schl. 48 et 49). 4 p. B.

265 Antoine et Jeanne. Testons 1555. Arg. et cuiv. 2 p. B.

266   —   Teston, 1562. TB.

267   —   Testons, 1563 et 1564. 3 p. B.

268   —   Teston, 1566. TB.

269   —   Demi-teston, 1562. 2 var. TB.

270   —   Douzain fr. au moulin, 1555 (P. d'A. 3419.
— Schl. 54). B.

271   —   Douzain, 1559 (P. d'A. 3421.— Schl. 55). B.

272   —   Liards et baquette (Schl. 56, 57 et 58), 6 p. B.

273 Jeanne d'Albret seule. Écu d'or. IOANNA✶D✶G✶REG✶NAVARE✶DB
1571. Croix cantonnée de 2 couronnes
et de 2 I. R̸. G.DEI SVM.ID.QVOD.SVM
1571. Écusson couronné (Schl. 60 var.).
Pièce inédite. TB. *Voyez planche.*

274   —   Testons, 1564, 1565, 1566. 3 p. B.

275   —   Testons, 1569 (2 var.) et 1570. 3 p. B.

276   —   Teston, 1574 (Schl. 66). B.

277 Jeanne d'Albret seule. Demi-teston, 1564 (P. d'A. 3456). TB.
Rare. Voyez planche.

278 Henri II de Béarn et Marguerite. Double ducat. HENRICVS.II.D.G.
REX.NAVARRE.D.B. Leurs bustes affrontés.
R̃. GRATIA.DEI.SVM.ID.QD.SVM. 1577. Écusson sous une couronne, au-dessus de
laquelle gland, fleurons et N. (P. d'A.
3464 var. — Schl. 70 var.). Or. *Rare.
Voyez planche.*

279 — Autre double ducat varié avec HENRICVS.II.
MARGA.REX.REG.NAVARRE.D̂B. (Schl. 72).
Or. TB. *Rare. Voyez planche.*

280 Henri II. Teston, 1575 (2 var.) et 1576. Buste lauré et écusson
écartelé (Schl. 76). 3 p. B.

281 — Demi-teston au même type, 1573 (Schl. 77). 2 var.
TB.

282 — Teston, 1577. Deux bustes affrontés (de Henri II et
Marguerite) et écusson écartelé (Schl. 78). 2 var. B.

283 — Demi-teston, 1576. Mêmes types (Schl. 79). TB. *Voyez
planche.*

284 — Demi-teston, 1577. Mêmes types. 2 var. AB. et TB.

285 — Même teston, mais l'écusson plus chargé de quartiers,
1577 (Schl. 80). B.

286 — Teston au buste lauré et écusson, 1574 (2 var.), 1575
et 1576 (Schl. 82). 4 p. AB. et TB.

287 — Francs, 1579 et 1580 (Schl. 86). 4 var. B. et TB.

288 — Franc, 1583 (Schl. 88). 2 var. B. et TB.

289 — Francs, 1581 et 1583 (Schl. 84). 3 p. AB.

290 — Demi-francs, 1582 et 1585 (Schl. 85). 2 p. TB.

291 — Quart et huitième d'écu, 1585, 1586 et 1587. Écu
parti (Schl. 93 et 94). 4 var. TB.

292 — Quart d'écu, 1585 et 1586 (2 var.). Armes complètes
(Schl. 95). 3 p. TB.

293 — Quart d'écu, 1587 et 1589 (2 var.). Armes complètes
(Schl. 95). 3 p. TB.

294 — Quart d'écu, 1583 et 1588 (2 var.). Écu écartelé (Schl.
98). 3 p. TB.

295 — Douzain (troué) 1573 et liards variés (Schl. 102, 104,
105, 107). 6 p. B.

296 Henri IV, roi de France. Quart d'écu de Navarre, 1596 et 1609
        (Schl. 108). TB.
297   —   Huitième d'écu de Navarre, 1601 (Schl. 109). T.B.
298   —   Quarts d'écu de Béarn, 1590, 1595, 1602 (2 var.)
        et 1604 (Schl. 110). 5 p. TB.
299   —   Huitièmes d'écu de Béarn, 1604 et 1609 (Schl. 111).
        2 p. B.
300   —   Demi-franc de Béarn au buste, 1595 (Hoffm.
        40. — Schl. 112). B. *Rare*.
301   —   Douzains de Béarn, 1590 et baquette (Schl.
        116 et 119). 3 p. B.
302 Louis XIII. Quart d'écu de Navarre, 1620 (Schl. 122). TB.
303   —   Quart d'écu de Béarn, 1610, 1611, 1612 et 1615
        (Schl. 120). 5 p. B.
304   —   Quart d'écu de Béarn, 1619, 1628, 1643 et baquettes.
        6 p. B. et TB.
305 Louis XIV. Quart d'écu de Navarre, 1649 (Hoffm. 51. — Schl.
        129). TB.
306   —   Quart d'écu de Béarn, 1648 (Hoffm. 53. — Schl.
        131). TB.
307   —   Écu de Béarn, 1652 (H. 83). TB.
308   —   Même écu, 1653 (H. 83). TB.
309   —   Douzième de l'écu de Béarn, 1655 (H. 86). B.
310   —   Écu blanc de Béarn, 1667 (H. 109). TB.
311   —   Même écu moins beau.
312   —   Écu blanc de Béarn, 1672 (H. 109). TB.
313   —   Écu blanc de Béarn, 1675 (H. 109). TB.
314   —   Demi-écu blanc de Béarn, 1678 (H. 110). TB.
315   —   Écu du Parlement, de Béarn, 1681 (H. 118). TB.
316   —   Louis d'or aux 4 L, fr. à Pau, 1693 (H. 33). TB.
317   —   Louis d'or aux 8 L, fr. à Pau, 1710 (H. 42). TB.
318   —   Écu et dixième d'écu aux 3 couronnes, fr. à Pau,
        1709 et 1712 (H. 187 et 191). 2 p. TB.
319 Louis XV. Écu de Navarre, 1719 (H. 34). Presqu'à FDC.
320   —   Écu au bandeau, fr. à Pau, 1768 (H. 55). TB.
321   —   Écu à la vieille tête, fr. à Pau, 1774 (H. 62). TB.
322 Louis XVI. Écus fr. à Pau, 1786 et 1788 (H. 11). 2 p. TB.

JETONS

323 Écu aux « chaînes de Navarre » dans deux cercles perlés. R⁄.
Dans un contour perlé, écu à une fasce dans un trilobe. Laiton. TB.

324 Écu de Navarre. R⁄. s. v. Méreau de plomb. B.

325 BORRG·FOY·BORRG·FOY. Champ écartelé aux 1ᵉʳ et 4ᵉ
de Navarre, aux 2ᵉ et 3ᵉ d'Évreux. R⁄ + SIT·ROMER ⁚
etc. Croix fleurdelisée dans un contour de 4 arcs (C. Rouyer
348). Laiton. TB.

325 *bis* Avers précédent. R⁄. Écu aux armes de Lopez de Ronceval.
trésorier du roi de Navarre (deux loups superposés). Laiton. B,

326 Écu de Lopez, comme au revers précédent. R⁄. Croix dans un
quadrilobe (Cat. Feuardent 9308ᵃ). Cuiv. TB.

327 Henri I d'Albret. Écu aux armes complètes. R⁄. Écu de Béarn
(Schl. 1). Cuiv. B. *Très rare.*

328 Jean de Barry, contrôleur de la Maison d'Antoine, en 1555, mort
en 1567. SORS. MEA. etc... Écu à trois éléphants. R⁄ + GARDE-
RAVNE. A. Cœur enflammé (Schl. 13). Cuiv. TB. *Très rare.*

329 Jeanne d'Albret. Son buste à dr. R⁄ + GRATIA, etc. 1565. Deux
S barrés (Schl. 14). Laiton. B. *Rare.*

330   —   Son buste vieilli à dr. R⁄. HASTA. LA. MVERTE.
Un S barré (Schl. 17). Arg. légèrement
troué. TB. *Très rare. Voyez planche.*

331   —   Le même en laiton. Usé.

332 Marguerite de Valois. Monogramme HM au milieu d'une ceinture.
R⁄. VOBIS ANNVNCIO PACEM. Agneau pas-
cal (Schl. 24). Laiton. B. *Très rare.*
Allusion à son mariage avec Henri II de Navarre en 1572.

333   —   Jetons, 1574, 1575, 1577 et 1586 (Schl.
26, 27, 28). Laiton. 4 var. TB. et B.

334 Henri II. HENRICVS.. REX NAVAR... P.P.F. Écu aux armes complètes, surmonté d'une couronne. R⁄ + PRVDENTER
NVMERO NOBIS. Q. ME.. E. Compas ouvert brochant
sur un cercle (formé par un serpent) dans lequel on
voit des jetons; à l'exergue 1588 (Schl. 37). Laiton
ébréché. *Très rare.*

335 Louis XIII. Jetons, 1614, 1615, 1617, 1619 (Schl. 43 à 46).
Laiton. AB. et TB.

336 Louis XIII. Joli jeton, 1620 (Schl. 47 de 1622). Arg. TB.
337   —   Jeton, 1627 (Schl. 48). Laiton. B.

MÉDAILLE

338 Jeanne d'Albret. SEVLE, ET.AVEC.LES.AVTRES.POVR.D, LE.R.LES.
    L, ET.LA.P.; en légende intérieure : IEHANNE. P.LA.
    G.DE.D.ROYNE.DE.NAVAR. Écusson couronné et
    accosté d'une branche de laurier et d'un sceptre
    tenu par une main. R⁀. Trois couronnes entre-
    lacées portant chacune une devise. (Trés. de
    Num. XXV. 11. — Schl. 15). Arg. 35 millim. TB.
    et *très rare*. *Voyez planche.*

PIÈCES DIVERSES

339 Bordeaux. Tiers de sou d'or (Belf. 1073 — Prou 2155). TB.
340 Charles VI. Écu d'or. TB.
341 Angleterre. Jacques I. Demi-crown d'or. TB.
342 Monnaies et jetons divers. Arg. et cuivre.
343 Conseil du roi, 1631. 3 jetons. Arg. TB.
344 Trésor royal 1704, 1709 (2 p.), 1710 (2 p.). 5 jetons. Arg. TB.
345   —   1711 (3 p.) et 1712 (3 p.). 6 jetons. Arg. TB.
346 Académie française, 1697 (3 p.) et 1702 (4 p.). 7 jetons. Arg. TB.
347 États de Bourgogne. 1671. 3 jetons. Arg. TB.
348 Médaillier-coffret à douze tiroirs.

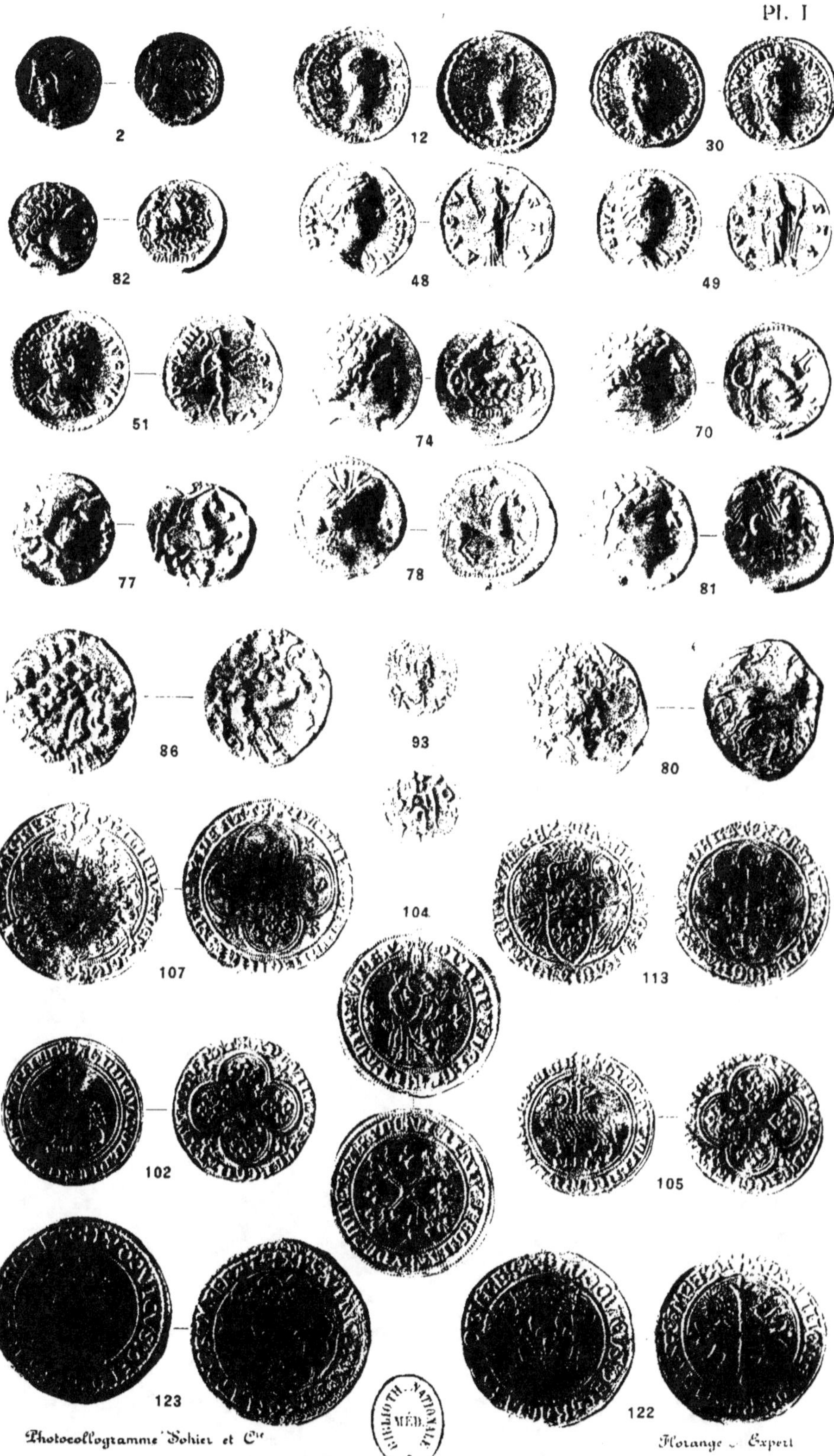

2
12
30
82
48
49
51
74
70
77
78
81
86
93
80
104
107
113
102
105
123
122
Photocollogramme Sohier et Cie
BIBLIOTH. NATIONALE MÉD.
Florange Expert

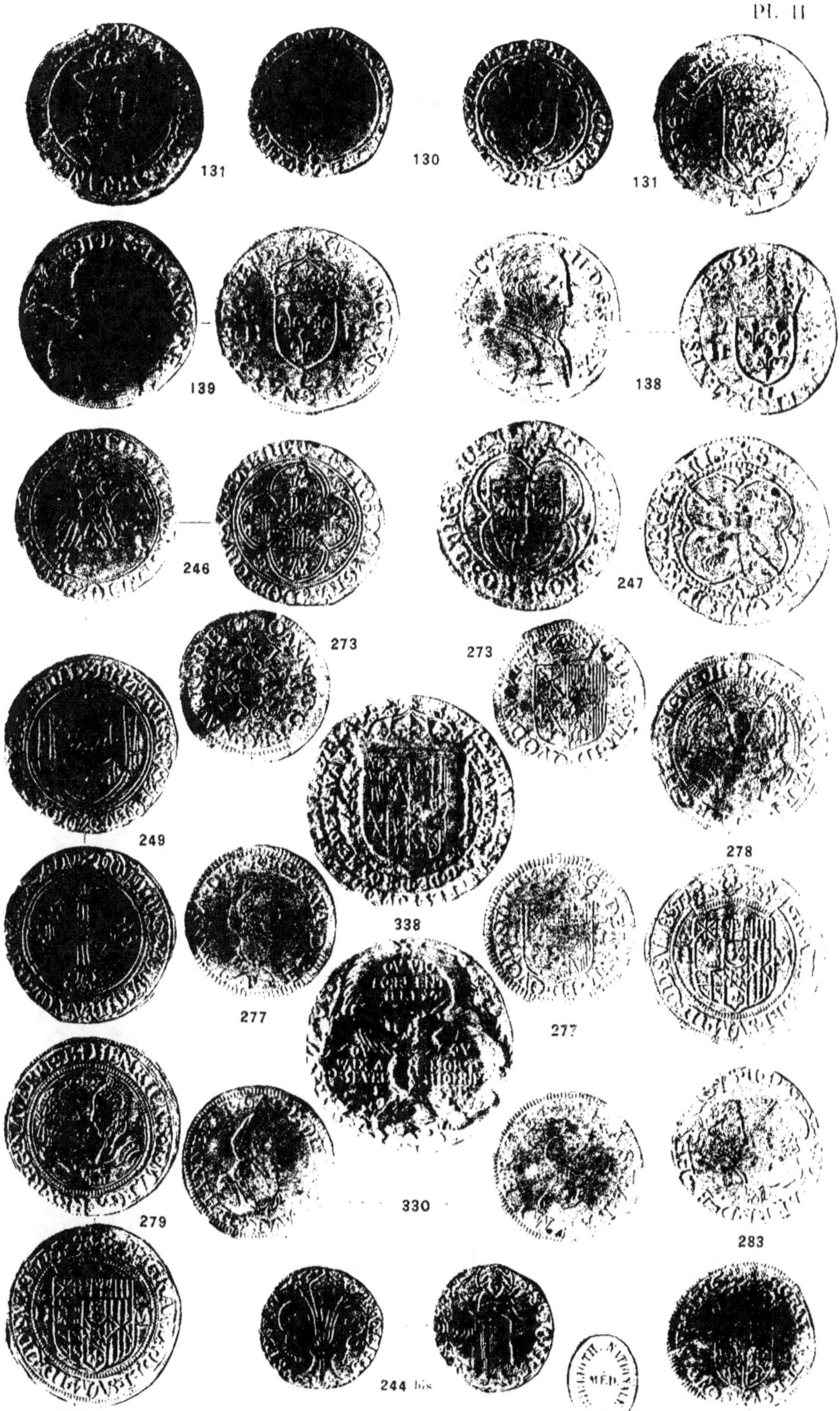

131
130
131

139
138

246
247

273
273

249
278

338

277
277

279

330
283

244 bis

Florange ○ Expert

MACON, PROTAT FRÈRES, IMPRIMEURS.

www.ingramcontent.com/pod-product-compliance
Lightning Source LLC
LaVergne TN
LVHW020847200726
843508LV00003B/1074